I0477541

Soviel habe ich diesen Monat zur Verfügung:

Datum:	Ausgaben/Einnahmen:	Rest:

SOVIEL HABE ICH DIESEN MONAT ZUR VERFÜGUNG:

Datum:	Ausgaben/Einnahmen:	Rest:

SOVIEL HABE ICH DIESEN MONAT ZUR VERFÜGUNG:

Datum:	Ausgaben/Einnahmen:	Rest:

SOVIEL HABE ICH DIESEN MONAT ZUR VERFÜGUNG:

Datum:	Ausgaben/Einnahmen:	Rest:

Datum:	Ausgaben/Einnahmen:	Rest:

SOVIEL HABE ICH DIESEN MONAT ZUR VERFÜGUNG:

Datum:	Ausgaben/Einnahmen:	Rest:

SOVIEL HABE ICH DIESEN MONAT ZUR VERFÜGUNG:

Datum:	Ausgaben/Einnahmen:	Rest:

SOVIEL HABE ICH DIESEN MONAT ZUR VERFÜGUNG: [   ]

Datum:	Ausgaben/Einnahmen:	Rest:

SOVIEL HABE ICH DIESEN MONAT ZUR VERFÜGUNG:

Datum:	Ausgaben/Einnahmen:	Rest:

SOVIEL HABE ICH DIESEN MONAT ZUR VERFÜGUNG:

Datum:	Ausgaben/Einnahmen:	Rest:

SOVIEL HABE ICH DIESEN MONAT ZUR VERFÜGUNG:

Datum:	Ausgaben/Einnahmen:	Rest:

SOVIEL HABE ICH DIESEN MONAT ZUR VERFÜGUNG:

Datum:	Ausgaben/Einnahmen:	Rest:

SOVIEL HABE ICH DIESEN MONAT ZUR VERFÜGUNG:

Datum:	Ausgaben/Einnahmen:	Rest:

SOVIEL HABE ICH DIESEN MONAT ZUR VERFÜGUNG:

Datum:	Ausgaben/Einnahmen:	Rest:

SOVIEL HABE ICH DIESEN MONAT ZUR VERFÜGUNG:

Datum:	Ausgaben/Einnahmen:	Rest:

SOVIEL HABE ICH DIESEN MONAT ZUR VERFÜGUNG:

Datum:	Ausgaben/Einnahmen:	Rest:

SOVIEL HABE ICH DIESEN MONAT ZUR VERFÜGUNG:

Datum:	Ausgaben/Einnahmen:	Rest:

SOVIEL HABE ICH DIESEN MONAT ZUR VERFÜGUNG:

Datum:	Ausgaben/Einnahmen:	Rest:

SOVIEL HABE ICH DIESEN MONAT ZUR VERFÜGUNG:

Datum:	Ausgaben/Einnahmen:	Rest:

SOVIEL HABE ICH DIESEN MONAT ZUR VERFÜGUNG:

Datum:	Ausgaben/Einnahmen:	Rest:

SOVIEL HABE ICH DIESEN MONAT ZUR VERFÜGUNG:

Datum:	Ausgaben/Einnahmen:	Rest:

SOVIEL HABE ICH DIESEN MONAT ZUR VERFÜGUNG:

Datum:	Ausgaben/Einnahmen:	Rest:

SOVIEL HABE ICH DIESEN MONAT ZUR VERFÜGUNG:

Datum:	Ausgaben/Einnahmen:	Rest:

SOVIEL HABE ICH DIESEN MONAT ZUR VERFÜGUNG:

Datum:	Ausgaben/Einnahmen:	Rest:

SOVIEL HABE ICH DIESEN MONAT ZUR VERFÜGUNG:

Datum:	Ausgaben/Einnahmen:	Rest:

SOVIEL HABE ICH DIESEN MONAT ZUR VERFÜGUNG:

Datum:	Ausgaben/Einnahmen:	Rest:

SOVIEL HABE ICH DIESEN MONAT ZUR VERFÜGUNG:

Datum:	Ausgaben/Einnahmen:	Rest:

SOVIEL HABE ICH DIESEN MONAT ZUR VERFÜGUNG:

Datum:	Ausgaben/Einnahmen:	Rest:

SOVIEL HABE ICH DIESEN MONAT ZUR VERFÜGUNG:

Datum:	Ausgaben/Einnahmen:	Rest:

SOVIEL HABE ICH DIESEN MONAT ZUR VERFÜGUNG:

Datum:	Ausgaben/Einnahmen:	Rest:

SOVIEL HABE ICH DIESEN MONAT ZUR VERFÜGUNG:

Datum:	Ausgaben/Einnahmen:	Rest:

SOVIEL HABE ICH DIESEN MONAT ZUR VERFÜGUNG:

Datum:	Ausgaben/Einnahmen:	Rest:

SOVIEL HABE ICH DIESEN MONAT ZUR VERFÜGUNG:

Datum:	Ausgaben/Einnahmen:	Rest:

SOVIEL HABE ICH DIESEN MONAT ZUR VERFÜGUNG:

Datum:	Ausgaben/Einnahmen:	Rest:

SOVIEL HABE ICH DIESEN MONAT ZUR VERFÜGUNG:

Datum:	Ausgaben/Einnahmen:	Rest:

SOVIEL HABE ICH DIESEN MONAT ZUR VERFÜGUNG:

Datum:	Ausgaben/Einnahmen:	Rest:

SOVIEL HABE ICH DIESEN MONAT ZUR VERFÜGUNG:

Datum:	Ausgaben/Einnahmen:	Rest:

SOVIEL HABE ICH DIESEN MONAT ZUR VERFÜGUNG:

Datum:	Ausgaben/Einnahmen:	Rest:

SOVIEL HABE ICH DIESEN MONAT ZUR VERFÜGUNG:

Datum:	Ausgaben/Einnahmen:	Rest:

SOVIEL HABE ICH DIESEN MONAT ZUR VERFÜGUNG:

Datum:	Ausgaben/Einnahmen:	Rest:

SOVIEL HABE ICH DIESEN MONAT ZUR VERFÜGUNG:

Datum:	Ausgaben/Einnahmen:	Rest:

SOVIEL HABE ICH DIESEN MONAT ZUR VERFÜGUNG:

Datum:	Ausgaben/Einnahmen:	Rest:

SOVIEL HABE ICH DIESEN MONAT ZUR VERFÜGUNG:

Datum:	Ausgaben/Einnahmen:	Rest:

SOVIEL HABE ICH DIESEN MONAT ZUR VERFÜGUNG:

Datum:	Ausgaben/Einnahmen:	Rest:

Soviel habe ich diesen Monat zur Verfügung:

Datum:	Ausgaben/Einnahmen:	Rest:

Soviel habe ich diesen Monat zur Verfügung:

Datum:	Ausgaben/Einnahmen:	Rest:

SOVIEL HABE ICH DIESEN MONAT ZUR VERFÜGUNG:

Datum:	Ausgaben/Einnahmen:	Rest:

Soviel habe ich diesen Monat zur Verfügung:

Datum:	Ausgaben/Einnahmen:	Rest:

SOVIEL HABE ICH DIESEN MONAT ZUR VERFÜGUNG:

Datum:	Ausgaben/Einnahmen:	Rest:

SOVIEL HABE ICH DIESEN MONAT ZUR VERFÜGUNG:

Datum:	Ausgaben/Einnahmen:	Rest:

SOVIEL HABE ICH DIESEN MONAT ZUR VERFÜGUNG:

Datum:	Ausgaben/Einnahmen:	Rest:

SOVIEL HABE ICH DIESEN MONAT ZUR VERFÜGUNG:

Datum:	Ausgaben/Einnahmen:	Rest:

SOVIEL HABE ICH DIESEN MONAT ZUR VERFÜGUNG:

Datum:	Ausgaben/Einnahmen:	Rest:

SOVIEL HABE ICH DIESEN MONAT ZUR VERFÜGUNG:

Datum:	Ausgaben/Einnahmen:	Rest:

Soviel habe ich diesen Monat zur Verfügung:

Datum:	Ausgaben/Einnahmen:	Rest:

SOVIEL HABE ICH DIESEN MONAT ZUR VERFÜGUNG:

Datum:	Ausgaben/Einnahmen:	Rest:

Soviel habe ich diesen Monat zur Verfügung:

Datum:	Ausgaben/Einnahmen:	Rest:

SOVIEL HABE ICH DIESEN MONAT ZUR VERFÜGUNG:

Datum:	Ausgaben/Einnahmen:	Rest:

SOVIEL HABE ICH DIESEN MONAT ZUR VERFÜGUNG:

Datum:	Ausgaben/Einnahmen:	Rest:

SOVIEL HABE ICH DIESEN MONAT ZUR VERFÜGUNG:

Datum:	Ausgaben/Einnahmen:	Rest:

SOVIEL HABE ICH DIESEN MONAT ZUR VERFÜGUNG:

Datum:	Ausgaben/Einnahmen:	Rest:

SOVIEL HABE ICH DIESEN MONAT ZUR VERFÜGUNG: [   ]

Datum:	Ausgaben/Einnahmen:	Rest:

SOVIEL HABE ICH DIESEN MONAT ZUR VERFÜGUNG:

Datum:	Ausgaben/Einnahmen:	Rest:

SOVIEL HABE ICH DIESEN MONAT ZUR VERFÜGUNG:

Datum:	Ausgaben/Einnahmen:	Rest:

SOVIEL HABE ICH DIESEN MONAT ZUR VERFÜGUNG:

Datum:	Ausgaben/Einnahmen:	Rest:

SOVIEL HABE ICH DIESEN MONAT ZUR VERFÜGUNG:

Datum:	Ausgaben/Einnahmen:	Rest:

SoVIEL HABE ICH DIESEN MONAT ZUR VERFÜGUNG:

Datum:	Ausgaben/Einnahmen:	Rest:

SOVIEL HABE ICH DIESEN MONAT ZUR VERFÜGUNG:

Datum:	Ausgaben/Einnahmen:	Rest:

SOVIEL HABE ICH DIESEN MONAT ZUR VERFÜGUNG:

Datum:	Ausgaben/Einnahmen:	Rest:

SOVIEL HABE ICH DIESEN MONAT ZUR VERFÜGUNG:

Datum:	Ausgaben/Einnahmen:	Rest:

SOVIEL HABE ICH DIESEN MONAT ZUR VERFÜGUNG:

Datum:	Ausgaben/Einnahmen:	Rest:

SOVIEL HABE ICH DIESEN MONAT ZUR VERFÜGUNG:

Datum:	Ausgaben/Einnahmen:	Rest:

SOVIEL HABE ICH DIESEN MONAT ZUR VERFÜGUNG:

Datum:	Ausgaben/Einnahmen:	Rest:

SOVIEL HABE ICH DIESEN MONAT ZUR VERFÜGUNG:

Datum:	Ausgaben/Einnahmen:	Rest:

SOVIEL HABE ICH DIESEN MONAT ZUR VERFÜGUNG:

Datum:	Ausgaben/Einnahmen:	Rest:

SOVIEL HABE ICH DIESEN MONAT ZUR VERFÜGUNG:

Datum:	Ausgaben/Einnahmen:	Rest:

SOVIEL HABE ICH DIESEN MONAT ZUR VERFÜGUNG:

Datum:	Ausgaben/Einnahmen:	Rest:

SOVIEL HABE ICH DIESEN MONAT ZUR VERFÜGUNG:

Datum:	Ausgaben/Einnahmen:	Rest:

SOVIEL HABE ICH DIESEN MONAT ZUR VERFÜGUNG:

Datum:	Ausgaben/Einnahmen:	Rest:

SOVIEL HABE ICH DIESEN MONAT ZUR VERFÜGUNG:

Datum:	Ausgaben/Einnahmen:	Rest:

SOVIEL HABE ICH DIESEN MONAT ZUR VERFÜGUNG:

Datum:	Ausgaben/Einnahmen:	Rest:

Datum:	Ausgaben/Einnahmen:	Rest:

SOVIEL HABE ICH DIESEN MONAT ZUR VERFÜGUNG: [   ]

Datum:	Ausgaben/Einnahmen:	Rest:

SOVIEL HABE ICH DIESEN MONAT ZUR VERFÜGUNG:

Datum:	Ausgaben/Einnahmen:	Rest:

SOVIEL HABE ICH DIESEN MONAT ZUR VERFÜGUNG:

Datum:	Ausgaben/Einnahmen:	Rest:

SOVIEL HABE ICH DIESEN MONAT ZUR VERFÜGUNG:

Datum:	Ausgaben/Einnahmen:	Rest:

SOVIEL HABE ICH DIESEN MONAT ZUR VERFÜGUNG:

Datum:	Ausgaben/Einnahmen:	Rest:

SOVIEL HABE ICH DIESEN MONAT ZUR VERFÜGUNG:

Datum:	Ausgaben/Einnahmen:	Rest:

Soviel habe ich diesen Monat zur Verfügung:

Datum:	Ausgaben/Einnahmen:	Rest:

SOVIEL HABE ICH DIESEN MONAT ZUR VERFÜGUNG:

Datum:	Ausgaben/Einnahmen:	Rest:

Datum:	Ausgaben/Einnahmen:	Rest:

SOVIEL HABE ICH DIESEN MONAT ZUR VERFÜGUNG:

Datum:	Ausgaben/Einnahmen:	Rest:

SOVIEL HABE ICH DIESEN MONAT ZUR VERFÜGUNG:

Datum:	Ausgaben/Einnahmen:	Rest:

SOVIEL HABE ICH DIESEN MONAT ZUR VERFÜGUNG:

Datum:	Ausgaben/Einnahmen:	Rest:

SOVIEL HABE ICH DIESEN MONAT ZUR VERFÜGUNG:

Datum:	Ausgaben/Einnahmen:	Rest:

SOVIEL HABE ICH DIESEN MONAT ZUR VERFÜGUNG:

Datum:	Ausgaben/Einnahmen:	Rest:

Soviel habe ich diesen Monat zur Verfügung:

Datum:	Ausgaben/Einnahmen:	Rest:

SOVIEL HABE ICH DIESEN MONAT ZUR VERFÜGUNG:

Datum:	Ausgaben/Einnahmen:	Rest:

SOVIEL HABE ICH DIESEN MONAT ZUR VERFÜGUNG:

Datum:	Ausgaben/Einnahmen:	Rest:

SOVIEL HABE ICH DIESEN MONAT ZUR VERFÜGUNG:

Datum:	Ausgaben/Einnahmen:	Rest:

SOVIEL HABE ICH DIESEN MONAT ZUR VERFÜGUNG:

Datum:	Ausgaben/Einnahmen:	Rest:

SOVIEL HABE ICH DIESEN MONAT ZUR VERFÜGUNG:

Datum:	Ausgaben/Einnahmen:	Rest:

Soviel habe ich diesen Monat zur Verfügung:

Datum:	Ausgaben/Einnahmen:	Rest:

SOVIEL HABE ICH DIESEN MONAT ZUR VERFÜGUNG:

Datum:	Ausgaben/Einnahmen:	Rest:

SOVIEL HABE ICH DIESEN MONAT ZUR VERFÜGUNG:

Datum:	Ausgaben/Einnahmen:	Rest:

SOVIEL HABE ICH DIESEN MONAT ZUR VERFÜGUNG:

Datum:	Ausgaben/Einnahmen:	Rest:

SOVIEL HABE ICH DIESEN MONAT ZUR VERFÜGUNG:

Datum:	Ausgaben/Einnahmen:	Rest:

SOVIEL HABE ICH DIESEN MONAT ZUR VERFÜGUNG:

Datum:	Ausgaben/Einnahmen:	Rest:

SOVIEL HABE ICH DIESEN MONAT ZUR VERFÜGUNG:

Datum:	Ausgaben/Einnahmen:	Rest:

SOVIEL HABE ICH DIESEN MONAT ZUR VERFÜGUNG:

Datum:	Ausgaben/Einnahmen:	Rest:

SOVIEL HABE ICH DIESEN MONAT ZUR VERFÜGUNG:

Datum:	Ausgaben/Einnahmen:	Rest:

SOVIEL HABE ICH DIESEN MONAT ZUR VERFÜGUNG:

Datum:	Ausgaben/Einnahmen:	Rest:

SOVIEL HABE ICH DIESEN MONAT ZUR VERFÜGUNG:

Datum:	Ausgaben/Einnahmen:	Rest:

SOVIEL HABE ICH DIESEN MONAT ZUR VERFÜGUNG:

Datum:	Ausgaben/Einnahmen:	Rest:

SOVIEL HABE ICH DIESEN MONAT ZUR VERFÜGUNG:

Datum:	Ausgaben/Einnahmen:	Rest:

SOVIEL HABE ICH DIESEN MONAT ZUR VERFÜGUNG:

Datum:	Ausgaben/Einnahmen:	Rest:

SOVIEL HABE ICH DIESEN MONAT ZUR VERFÜGUNG:

Datum:	Ausgaben/Einnahmen:	Rest:

SOVIEL HABE ICH DIESEN MONAT ZUR VERFÜGUNG:

Datum:	Ausgaben/Einnahmen:	Rest:

SOVIEL HABE ICH DIESEN MONAT ZUR VERFÜGUNG:

Datum:	Ausgaben/Einnahmen:	Rest:

SOVIEL HABE ICH DIESEN MONAT ZUR VERFÜGUNG:

Datum:	Ausgaben/Einnahmen:	Rest:

www.ingramcontent.com/pod-product-compliance
Lightning Source LLC
Chambersburg PA
CBHW071325220526
45468CB00001B/498

* 9 7 8 1 7 9 4 4 0 2 9 1 1 *